AF263929

A PROPOS

DE

LA DÉBACLE

PAR

Le Général MOREL

PARIS | LIMOGES

...ce Saint-André-des-Arts. | 46, Nouvelle route d'Aixe, 46.

IMPRIMERIE ET LIBRAIRIE MILITAIRES

...RI CHARLES-LAVAUZELLE

ÉDITEUR

—

1893

Librairie militaire Henri Charles-Lavauzelle

Paris, 11, place Saint-André-des-Arts.

Armées étrangères contemporaines : Europe, Asie, Afrique, Amérique, Océanie, par A. GARÇON. — 2 volumes in-32, brochés .... 1 »
  Reliés toile anglaise 1 50
Equitation et instruction équestre des cavaleries européennes, par NAÈJ. — Volume in-8º de 184 pages ... 5 »
Règlements sur les exercices et évolutions des troupes à pied en Italie, en Autriche et en Allemagne, traduits. résumés et annotés par A. DE VAUCRESSON, colonel du 13º de ligne. — Volume in-32 de 450 pag., cart... 2 25
L'armée russe : organisation générale; le règlement d'infanterie; le service en campagne; instruction sur les travaux de campagne, orné de figures (2º édition). — Volume in-32 de 96 pages, broché .... *(épuisé)*
  Relié toile anglaise .... » 75
L'armée allemande telle qu'elle est en 1892, par P. DE PARDIELLAN. — Volume in-18 de 268 pages, couverture en chromolithographie. 3 50
L'armée allemande, son histoire. son organisation actuelle, par le commandant A. HEUMANN, O. ✿ (5º édition). Ouvrage accompagné d'un supplément à la 5º édition avec notes de mise à jour a la date du 1er août 1891. (Fascicule de 16 pages) — Volume in-32 de 128 pages, broché ...... » 50
  Relié toile .... » 75
  Le fascicule .... ». 20
La marine et les colonies de l'Allemagne, par le commandant A. HEUMANN, O. ✿. Ouvrage accompagné de huit croquis. — 2 volumes, brochés .... 1 »
  Reliés toile anglaise 1 50
L'empereur Frédéric, par Edouard SIMON. — Vol. in-18 de 300 pages. 3 50
L'empereur Guillaume II et la première année de son règne, par Edouard SIMON. — Volume in-18 de plus de 300 pages............... 3 50
Aide-mémoire de l'officier français en Allemagne, par P. DE PARDIELLAN. ouvrage accompagné de quatre gravures hors texte représentant les uniformes de l'armée allemande et de feuillets blancs pour notes. — Volume in-32 de 160 pages, relié toile anglaise............... 2 50
Les méthodes stratégiques des Allemands en 1870. — Brochure in-8º de 36 pages... 1 »
Etude sur le réseau ferré allemand au point de vue de la concentration. Ouvrage accompagné d'une carte des chemins de fer allemands (2º édition). — Brochure in-8º de 32 pages......................... » 75
Règlement du 23 mai 1887 sur le service des **armées allemandes en campagne.** — Volume in-32 de 230 pages. relié toile anglaise..... 2 50
Règlement du 1er septembre 1888 sur les **manœuvres de l'infanterie allemande.** — Volume in-32 de 160 pages. relié toile anglaise...... 2 »
Règlement du 12 février 1887 sur le **tir de l'infanterie allemande,** avec figure et 1 planche. — Volume in-32 de 190 pages, relié toile anglaise... 2 50
Le tir de l'infanterie, par un officier supérieur de l'armée allemande, traduit par E. JAEGLÉ, professeur à l'Ecole spéciale militaire de Saint-Cyr. Ouvrage accompagné d'une planche. — Volume in-8º............... 4 »
L'artillerie de l'avenir, considérations sur l'artillerie de campagne allemande, son état actuel et les réformes indispensables, par un officier supérieur d'artillerie. — Volume in-18 .... 3 »
Ces deux ouvrages ont été honorés d'une souscription du Ministre de la guerre.
Patrouilles indépendantes, tactique nouvelle nécessitée par les armes à longue portée et la poudre sans fumée, par le baron G. VON DER GOLTZ, capitaine au 15º régiment d'infanterie, prince Frédéric des Pays-Bas, traduit, avec l'autorisation de l'auteur, par E. JAEGLÉ, professeur à l'Ecole spéciale militaire de Saint-Cyr. — Volume in-18................... 2 50

À PROPOS

DE

LA DÉBACLE

A PROPOS

DE

LA DÉBACLE

PAR

Le Général MOREL

PARIS | LIMOGES
11, Place St-André-des-Arts. | 46, Nouvelle route d'Aixe, 46.

HENRI CHARLES-LAVAUZELLE

Editeur militaire.

1893

Comme tout le monde, nous avons lu le roman militaire intitulé « la Débâcle », titre à grand effet, mais peu justifié par une fiction invraisemblable présentée sous les couleurs de la réalité, dans six cents et quelques pages, brillantes et émouvantes parfois, indigestes et ordurières souvent, comme, d'ailleurs, tout ce qu'a écrit l'auteur.

A l'encontre du plus grand nombre, quelques comptes rendus, nuageux et évasifs dans leurs appréciations, se complaisent avec trop de bienveillance à y voir « une fois de plus » ce qu'ils osent appeler « le merveilleux talent du maître ».

Nous ne sommes pas de cet avis, et si peu compétent que nous puissions être, nous voulons essayer d'émettre, en quelques lignes, notre opinion de patriote et de soldat.

Quelque imparfaite que soit la forme, on nous tiendra compte de l'intention. Nous voulons l'espérer.

Général MOREL.

A PROPOS

DE

LA DÉBACLE

I

Du talent? Peut-être.... nous n'y voulons point contredire ; mais aussi quel réalisme ordurier et malsain, spéculant sur la curiosité publique et justement comparé à « une mer méphitique et corrosive » par l'auteur d'une critique pleine d'appréciations fines et vraies, publiée dans le numéro de la *Revue des Deux-Mondes* du 1er juillet 1892.

« OEuvre très littéraire, mais très nuisible, qui est écrite de telle façon que les civils doivent croire qu'ils lisent la vérité », dit un officier allemand, le capitaine Tanera, dans un article (1)

---

(1) Cet article a paru dans le *Figaro,* dans le journal la *Liberté* du 20 septembre 1892 et dans plusieurs journaux allemands (*Gazette d'Augsbourg, Allegemeine Zeitung* et autres).

plein de démentis nombreux et catégoriques, flétrissant, comme il le mérite, « *cet ouvrage haineux malfaisant et partial* ».

De la netteté, de l'abondance, du souffle, de l'entraînement même si l'on veut; mais trop de fiction, surtout trop d'erreurs qu'on est porté à croire volontaires et préméditées en vue de porter atteinte à l'honneur de l'armée; enfin, des obscénités, accessoires bien inutiles pour un pareil sujet!

Dans ce livre de forme anecdotique il est vrai, mais d'une grande portée cependant, que voit-on?

La triste odyssée d'une escouade de huit ou dix soldats mauvais ou médiocres, qu'on présente au lecteur, dans une lamentable image exagérée à plaisir, comme un spécimen de l'armée française pendant nos désastres.

Peut-on raisonnablement appeler « soldats » ces fantoches en uniforme sale et débraillé qui, démoralisés sans raisons plausibles, avant même d'avoir combattu, jettent leurs armes et discutent ouvertement et journellement *la désertion, le devoir et l'honneur*?

N'y a-t-il pas là mensonge, exagération, hostilité de propos délibéré?

L'auteur a-t-il jamais pratiqué le métier militaire? L'a-t-il étudié? S'est-il rendu compte, avant d'écrire son roman, de la portée délétère d'un semblable récit, sans doute très imagé, mais absolument faux dans presque toutes ses parties?

La déroute, qu'il semble avoir voulu dépeindre, où l'a-t-il vue, sinon dans son cabinet? Certes, elle a pu se produire plus d'une fois en 1870-1871, mais jamais sans causes préexistantes, après la bataille peut-être, temporairement et dans tous les cas sans l'odieux que l'on retrouve à chaque page du regrettable livre de M. Zola.

Toutes ces tristes conséquences d'une déroute — motivée ou non, — sont connues; on les a vues à toutes les époques, chez toutes les nations, mais à la suite du combat, alors que les troupes complètement battues s'enfuient affolées, en proie à la panique, comme après la bataille de *Reischoffen* par exemple, où une petite armée, avant d'être emportée par la tourmente, avait lutté avec une vaillance admirable contre un ennemi sans cesse renaissant et près de dix fois supérieur en nombre !

Puis, pour compléter le tableau dans lequel il a présenté au public une grotesque caricature de notre brave armée qu'il calomnie si à la légère, sans souci de la France, sans respect des sentiments de patriotisme si vivaces au cœur de ses concitoyens, sans considération pour notre honneur national dont il n'a cure, quels types ridicules a-t-il choisis? Qui met-il en scène? Quels sont les principaux héros de ce mauvais livre si nuisible à tous égards?

Un jeune névropathe, quelque peu lettré, assez intelligent, mais fatigué moralement et physiquement, dévoyé, miné par la débauche, désordonné, désœuvré. Ce déséquilibré contracte un engagement volontaire dans un mouvement d'élan et de repentir, louable sans doute, mais bien éphémère. Après les fatigues, les souffrances et les privations d'une campagne presque négative, où on nous montre surtout les *vicissitudes du ventre*, il s'en va tristement échouer et mourir en combattant pour la Commune, au milieu de gredins et de rastaquouères cosmopolites (*probablement à la solde de l'étranger*), pour lesquels l'auteur réserve toute sa bienveillance et n'hésite pas à plaider les circonstances atténuantes, en les qualifiant de « soldats de la Commune! »

N'est-ce pas profaner ce glorieux titre de soldat? N'est-ce pas manquer totalement de sens moral, de raison, de jugement, que d'en faire honneur à ce ramassis de brigands qui ont voulu brûler Paris et qui ont fusillé les otages?

Et que voyons-nous à côté de cette monstruosité morale ?

Un caporal (le meilleur du groupe cependant), dont les actes les plus dignes d'éloges, au dire de l'auteur, consistent à *chaparder* par sentiment du devoir, pour assurer sa nourriture et celle des hommes placés sous son commandement.

Un sergent, dont l'influence et l'autorité sont nulles et ne se manifestent jamais quelle que soit d'ailleurs la gravité des fautes contre la discipline sans cesse réitérées par ses subordonnés ;

Un lieutenant, brave sans doute, mais bête à plaisir, incapable et absolument illettré ;

Un capitaine, quelque peu efféminé, homme à femmes, gandin suant la pommade, freluquet d'esprit si léger que, au fort d'une bataille, il ne rêve qu'aux boudoirs où il a passé sa vie, sans le plus léger souci de ses obligations et de ses devoirs les plus sacrés qu'il oublie et néglige au point de manquer au poste d'honneur à l'heure du danger;

Un colonel, immobile et silencieux, dévoué à l'honneur celui-là, mais inutile toujours, qu'une

mort héroïque, il est vrai, absout et grandit tardi-
vement aux yeux du lecteur ;

Un général, vrai crétin, ne songeant qu'à son
ventre, incapable entre tous, sans action, sans
influence, sans énergie, sans autorité ;

Quelques autres généraux, dépourvus de tout
talent militaire, allant au hasard, sans plan, sans
direction, en un mot plus qu'insuffisants, totalement
incapables ;

Un empereur, gâteux, ahuri, encombrant, peint
et fardé comme ces images de cire que l'on voit à
la devanture des coiffeurs.....

En résumé, partout et toujours, de l'indiscipline et de l'incapacité, avec cette circonstance
aggravante, mise en lumière avec un parti pris
indiscutable, que plus les grades sont élevés dans
la hiérarchie militaire, plus l'incapacité est grande.

Voilà, en résumé, le livre dans lequel l'auteur
s'est complu à dépeindre l'armée, en mettant en
scène quelques individualités mauvaises, sans res-
sort, sans patriotisme et sans honneur !

Qui donc voudra croire que cette fameuse escouade soit bien l'image vraie et ressemblante de
notre vieille armée, si dévouée et si valeureuse,
victime de fautes qui ne sont pas les siennes, que
des circonstances graves, néfastes et multiples ont

conduite à sa perte, malgré son courage incontestable et jusqu'à ce jour incontesté ?

Ces portraits, présentés comme la photographie des types de soldats français, sont-ils ressemblants ?

Peuvent-ils, un seul instant, être considérés comme vrais, honnêtes et consciencieux ?

Ne sont-ils pas plutôt la résultante des conceptions baroques d'un esprit sans frein, dissolvant et agressif ?

Quelle déplorable impression ne produiront-ils pas à l'étranger, et même en France, où toute la population civile y verra l'expression de la vérité ?

En opposition avec ces tristes personnages, nous trouvons deux ou trois citadins, braves entre tous, défendant pied à pied leurs foyers à Bazeilles, faisant courageusement le coup de feu ; ces héros sont dignes de notre admiration, sans doute, mais ce sont à peu près les seuls dont la figure émerge de ce triste roman.

Puisque l'auteur avait choisi ce titre impératif de « Débâcle », il aurait dû tout au moins le justifier en mettant toute la vérité à sa place et en pleine lumière. Pourquoi ne s'est-il pas efforcé de rechercher, d'examiner les causes ? Pourquoi a-t-il négligé aussi complètement le plus grand nombre des effets ?

A part le récit, plus ou moins fantaisiste, de Sedan, — l'épisode le plus épouvantable, il est vrai, de nos malheurs, — pas un mot de toutes les autres phases de cette guerre féroce, inouïe et sans exemple dans notre histoire, où une horde de barbares préparés de longue main et excités par la perspective du butin et du pillage se sont rués sur notre pays.

Que pouvait, contre cette invasion, le dévouement de l'armée telle qu'elle était constituée et le courage des habitants, malheureusement non instruits et non militarisés ? Pouvions-nous empêcher ces farouches Teutons de commettre froidement, méthodiquement, réglementairement les atrocités contre lesquelles toute l'Europe a protesté avec indignation, toutes ces cruautés inutiles que l'honneur réprouve, que le droit des gens et de la guerre ne feront jamais ni excuser ni pardonner ?

Et dire qu'il s'est trouvé des Français, — en petit nombre, il est vrai, — pour admirer ce livre de la préface à la conclusion, y trouvant réunies à souhait toutes les qualités qui rendent les œuvres immortelles : de l'esprit d'observation, du style, du talent, voire même du patriotisme !

Peut-on pousser plus loin l'aveuglement?

Abaisser sciemment son pays vaincu pour exal-
ter l'étranger vainqueur, ce n'est cependant pas,
à notre humble avis, se montrer patriote. C'est,
au contraire, manquer d'honnêteté et de sens
moral.

Il faut bien le reconnaître, — et c'est, d'ailleurs,
l'avis de toute l'armée, — l'auteur ne s'est jamais
démenti : en écrivant ce roman, il est resté ce qu'il
s'est montré dans tous ses ouvrages; il suffit d'ou-
vrir au hasard : *L'Assommoir, Nana, Pot-Bouille,
Le Ventre de Paris, La Terre, Germinal*, etc., etc.,
pour y rencontrer, à côté d'obscénités et d'ordures,
les images les plus fausses, les caricatures les plus
immondes de la société qu'il a eu la prétention
d'y peindre.

On veut quand même trouver du talent dans ce
livre; quelques fanatiques admirateurs, renchéris-
sant encore sur les éloges décernés au maître, ne
craignent pas de qualifier ce talent de « merveilleux ». Nous n'y contredirons guère, bien que la
foi nous manque; mais, si talent il y a, c'est, sans
conteste, un talent dangereux. Et, d'ailleurs,
qu'importe la forme quand il s'agit d'une œuvre
historique : est-ce que le fond n'en est pas la partie
essentielle?

II

Mais est-ce que *La Débâcle* peut sérieusement être considérée comme une œuvre historique? Est-ce que M. Zola a bien eu véritablement l'intention de retracer l'histoire de la campagne de 1870-1871 dans *La Débâcle*?

Non, assurément; et, en effet, à part la bataille de Sedan et la capitulation, qui l'a suivie, aucune autre scène du grand drame n'est même esquissée dans l'ouvrage. L'auteur reste muet sur les autres phases de cette guerre terrible, que le titre même de son livre ne lui permettait pas de négliger. Reischoffen, Strasbourg, Metz, Coulmiers, Tours, la campagne de la Loire, la campagne du Nord, Saint-Quentin, le siège de Paris, Belfort, etc. etc. etc., méritaient bien cependant quelques lignes. Il ne se préoccupe pas davantage des causes graves, capitales et multiples, absolument explicatives de nos revers; il passe ensuite sciemment sous silence toutes les actions glorieuses ou seulement honorables pour l'armée, qu'il s'est, au contraire, complu à attaquer et à diffamer. En réalité, Zola a commis un libelle au lieu d'écrire le livre impartial que comportait et qu'imposait le titre choisi par lui.

Non, ce n'est pas dans cet esprit ni sur ce plan qu'eût dû être conçu le livre *La Débâcle*. Le talent littéraire de l'auteur, sa grande facilité de conception et d'exposition, lui permettaient de faire mieux qu'un roman malfaisant en réalité et sa grande notoriété lui en faisait un devoir.

Ne pouvait-il, sous forme historique ou anecdoctique, justifier son titre et faire une œuvre excellente, en exposant franchement, loyalement et sans parti pris, avec équité et bonne foi, les causes si nombreuses et les effets si désastreux des événements qui se sont déroulés pendant l'année terrible?

Tout écrivain qui s'affranchit, comme M. Zola des obligations essentielles, impérieuses imposées à l'historien loyal et qui passe sciemment et volontairement à côté du but qu'il s'était donné mission d'atteindre, fait un mauvais usage de son talent et des qualités littéraires qu'il possède. Il s'expose ainsi à la réprobation publique.

III

La vraie *débâcle*, la débâcle dont M. Zola aurait dû se faire l'historien et dont nous aurions désiré voir sa plume habile retracer les diverses phases a son point de départ bien loin de Sedan.

La débâcle a commencé, en effet, pour la France, à la Révolution de 1848 ; elle s'est poursuivie depuis, à peu près sans intermittence et, en quelque sorte sans répit jusqu'en 1870.

Or, l'ouvrage de M. Zola ne dit pas un mot des événements antérieurs au 2 septembre 1870.

Pour être complet ce livre aurait dû, au moins, renfermer dans une préface la simple et rapide énumération des faits principaux qui ont contribué à nos désastres ; en laissant dans l'ombre toutes les causes initiales, il ne pouvait ni expliquer ni justifier son titre de *La Débâcle*.

Pourquoi M. Zola a-t-il passé sous silence les faiblesses du roi Louis-Philippe qui, autant par lassitude du pouvoir que par excès de droiture, d'honnêteté et de philanthropie, a abandonné son trône devant une poignée d'émeutiers? Pourquoi n'a-t-il pas dit un mot de la République imprévue, non viable, acclamée par la foule il est vrai, mais mal préparée et décrétée par quelques meneurs imprudents? Pourquoi n'a-t-il pas fait le procès de ces utopistes, de ces orateurs de banquets réformistes qui ont jeté la royauté à terre et n'avaient pas, pour la plupart, la maturité nécessaire pour gouverner, si bien qu'une fois au pouvoir ils n'ont guère commis que des fautes? Or, de ces fautes la plus grande, à coup sûr, a été l'élection à la présidence du prince Napoléon, qu'ils avaient rappelé de l'exil, en même temps qu'ils forgeaient cette arme terrible dont le Prince-Président allait faire l'essai contre la République elle-même. Sans le suffrage universel Louis-Napoléon n'aurait pas pu faire le plébiscite; sans le plébiscite on n'aurait pas eu l'Empire, et si on n'avait pas eu l'Empire il n'y aurait pas eu de Sedan.

C'est donc bien en 1848 qu'a commencé la dégringolade; c'est donc de cette période qu'aurait dû traiter le premier chapitre de *La Débâcle*.

Depuis lors, n'avons-nous pas vu la France glisser sur une pente fatale pendant que les gouvernants accumulaient faute sur faute?

C'est d'abord la *guerre de Crimée*, où, pour une question de sentiment assez mal définie, nous nous sommes mis à la remorque de l'Angleterre, notre rivale de tous les temps, — *on pourrait dire notre véritable ennemie héréditaire*. — Dans cette guerre inutile, nous avons englouti une partie de nos finances, nous avons ruiné notre marine, désorganisé nos arsenaux, sacrifié notre armée, pour combattre qui ? la Russie, notre alliée naturelle. Cette faute a eu des conséquences terribles : très vraisemblablement, si cette puissance n'avait pas été guidée par un ressentiment bien excusable et bien légitime contre la France signataire du traité de Paris, elle ne nous aurait pas laissé écraser en 1870.

La seconde grande faute commise, c'est *la guerre d'Italie*, que, par crainte des bombes Orsini et du poignard des carbonari, Napoléon III a entreprise follement, impolitiquement, et qui nous a coûté des sacrifices énormes en hommes et en argent. Encore, si elle avait produit quelques résultats favorables pour nous ! Mais non. Nous avions, dans le petit royaume de Sardaigne, un allié d'autant plus sûr et d'autant plus fidèle que sa situation politique lui en faisait un impérieux devoir. Ayant besoin de notre appui, il nous était acquis. Nous aurions dû nous borner à le protéger en le laissant ce qu'il était, c'est-à-dire un État de cinquième ordre.

Au lieu de suivre cette sage ligne de conduite, on s'est lancé dans l'utopie. Sous prétexte d'affirmer ce principe mal défini, très élastique et peu solide des nationalités, l'empire a fait la guerre à l'Autriche, alors qu'il était de notre intérêt de conclure avec elle une alliance loyale, solide, durable, afin de contrebalancer l'influence naissante de la maison de Hohenzollern.

Or, à quoi a servi tant de sang répandu et tant d'or dépensé? A faire l'unité de l'Italie, c'est-à-dire à créer sur nos frontières un état fort, mais encore plus ambitieux que puissant et tellement insatiable de grandeurs qu'il osait bientôt, se débarrassant comme d'un *impedimentum* gênant de la reconnaissance qu'il nous devait, — *et que n'ont d'ailleurs jamais pratiquée les renards de Savoie,* — devenir notre adversaire en même temps que l'ami dévoué et obéissant de nos pires ennemis.

Après la guerre d'Italie, la *guerre de Chine.*

Qu'allait-on faire en Chine, sinon, comme trop souvent, comme toujours, complaire à cette Angleterre, que, depuis des siècles, nous rencontrons sans cesse sur notre chemin; à cette Angleterre dont les intérêts maritimes, industriels, commerciaux sont opposés aux nôtres; à cette Angleterre qui n'a cessé d'être la rivale de notre pays et dont la politique aussi tortueuse qu'habile n'a jamais poursuivi que l'affaiblissement de la France, quelle que soit, d'ailleurs, la forme de son gouvernement.

Puis la *guerre du Mexique* que rien ne pouvait justifier, sinon des intérêts personnels, mesquins inavouables, qui a été, elle aussi, un gouffre pour nos finances, nos approvisionnements et notre honneur, et qui constitue une des plus terribles et, — disons le mot, — des plus honteuses phases de cette triste épopée napoléonienne, commencée par l'attentat de Strasbourg et terminée par le désastre de Sedan.

Encore si l'Empereur s'était contenté d'y engager la France et d'y compromettre sa popularité ; mais il y avait entraîné à sa suite, avec de solennelles promesses, un homme de cœur, noble s'il en fût, le frère du souverain régnant en Autriche. Après l'avoir engagé à fond dans cette folle entreprise, que ses sentiments généreux et chevaleresques lui prescrivaient de poursuivre quand même et sans nous, nous l'avons lâchement abandonné sans armée et sans ressources, et l'avons laissé fusiller comme un aventurier avec quelques-uns de ses partisans, alors que nous-mêmes étions obligés de mentir et de renier des engagements pris solennellement du haut de la tribune française!

Là encore, comme avant, comme après, n'est-ce donc pas la débâcle?

N'était-il pas utile, indispensable de le reconnaître et de le déclarer.

Et pourquoi M. Zola n'a-t-il pas dit un mot de la *guerre du Danemarck?* Il n'ignore pas cependant que nous avons laissé à découvert cette nation généreuse, dont la fidélité et l'affection pour la France ne s'étaient jamais démenties. Il doit savoir aussi que cette campagne a été entreprise avec notre autorisation, — tacite peut être, — mais donnée certainement.

*Il suffit de se reporter au voyage de l'Empereur Guillaume I*er *à Fontainebleau pour être bien fixé.* Car, à cette époque encore, malgré les nombreuses sottises qui avaient déjà considérablement atteint notre prestige militaire, on n'aurait pas osé, sans notre assentiment préalablement obtenu, entreprendre une telle spoliation.

Nous avons honteusement laissé faire, sans plus nous soucier du passé que de l'avenir, sans rien voir, sans rien deviner, malgré la prophétie d'un homme célèbre, qui avait dit que cette guerre était « l'allumette qui mettrait le feu à l'Europe ».

Ne fallait-il pas être aveugle pour ne pas s'a-
percevoir que la coalition de la Prusse et de l'Autriche contre le Danemarck était une monstruosité;
que l'écrasement de ce courageux petit peuple
était le commencement de la fin de la confédéra-
tion du Rhin, créée pour notre sécurité; enfin, que
de cette campagne allait sortir le germe vigoureux
de l'unité allemande sous l'hégémonie de la Prusse,
dont les projets commençaient déjà à transpirer,
si tortueuse que fût la diplomatie de M. de B.s-
marck?

D'ailleurs, on commençait déjà à supporter le
poids des premières fautes commises. L'Empereur
eût-il compris toute la gravité de la situation qu'il
aurait peut-être hésité à se lancer dans semblable
aventure. Il savait combien il avait obéré ses
finances par plusieurs guerres, — inutiles pour
ne pas dire plus, — combien il avait affaibli l armée par des réductions d'effectifs imposées par des
nécessités budgétaires. Aussi resta-t-il froid, im-
passible, indifférent, alors que notre devoir, notre
honneur, tout, jusqu'au souci de maintenir notre
influence dans le concert des nations européennes,
nos plus chers intérêts, en un mot, nous dictaient
impérieusement la conduite à tenir en cette circonstance. Quels que fussent les risques à courir, .

nous devions empêcher cette guerre inique : il fallait s'opposer à tout prix à l'assassinat du Danemarck.

Nous arrivons maintenant à la *guerre de* 1866 *contre l'Autriche, à la coalition de la Prusse et de l'Italie.*

A quoi songeait donc l'empereur Napoléon III lorsqu'après plusieurs semaines d'entrevues quotidiennes et mystérieuses avec M. de Bismarck, il permettait ou tout au moins autorisait, sans précautions, sans conventions... « écrites », sans traité, en aveugle qui ne voit ni le danger ni la fourberie, l'alliance monstrueuse et menaçante pour nous-mêmes, de la Prusse et de l'Italie? Que lui avait donc fait l'Autriche pour qu'il la livrât ainsi, d'un cœur léger, à l'ambition de la Prusse, dont le souverain était prêt déjà à porter la main sur la couronne impériale allemande, et à manquer aux engagements « verbaux » pris à Biarritz par son ministre?

Aussi, à peine terminée, cette guerre dont le gouvernement n'avait pas su entrevoir les résultats, la France, affaiblie moralement et matériellement par une politique décousue et sans vigueur, cessait d'être écoutée. Nous étions même très lestement éconduits dans nos revendications par la Prusse,

enorgueillie par ses succès et confiante dans l'état
d'affaiblissement de notre organisation militaire,
qu'elle savait trop incomplète et trop insuffisante
pour nous permettre de lutter avec quelques chances de succès.

Cependant la guerre était devenue inévitable.
M. de Bismarck, tout en exaltant par une presse à
sa dévotion, les sentiments d'hostilité et de haine
qui couvaient contre nous en Allemagne, aug-
mentait sans cesse ses forces militaires déjà si for-
midables cependant, et guettait avec impatience
le moment favorable pour nous déclarer la guerre,
ou mieux encore pour nous forcer adroitement à
la lui déclarer.

Les confédérés allemands, eux aussi, se prépa-
raient à soutenir une lutte acharnée contre nous;
l'ensemble de leurs effectifs était quatre fois plus
élevé que le total des effectifs de l'armée française.

Sur la rive droite du Rhin, l'instruction militaire
des officiers et des soldats était poussée avec une
activité fébrile; le matériel de guerre de toute
nature était prêt dans les meilleures conditions;
les canons étaient bien supérieurs aux nôtres en
portée et en justesse et les dépassaient par le
nombre dans une proportion de près du double.

La mobilisation allemande était réglée dans ses

plus minutieux détails, tandisque, chez nous, on semblait s'endormir dans une quiétude vraiment inqualifiable, malgré les nombreux rapports si nets, si précis, si concluants, si pressants du colonel Stoffel, attaché militaire à l'ambassade de Berlin, malgré les lettres du général Ducrot, qui commandait alors à Strasbourg. Cependant, tous deux étaient l'un et l'autre admirablement placés pour bien voir ; tous deux bons juges poussaient en même temps le cri d'alarme avec une telle énergie qu'il fallait être sourd pour ne pas entendre ou criminel pour ne pas profiter d'avis aussi sages et aussi sérieusement motivés.

Malgré tous ces renseignements, malgré ces « garde à vous » multipliés avec insistance, qu'a-t-on fait pour se préparer, pour se mettre en mesure de résister ?

Rien ! rien !

Le maréchal Niel, plus clairvoyant, plus soucieux de l'avenir qu'il voyait menacé et chargé d'orages, s'était seul préoccupé sérieusement de la situation : Peu de temps avant sa mort, il avait tenté de réorganiser l'armée, en augmentant les cadres et les effectifs, en modifiant nos lois de recrutement ; lui seul, dans l'entourage de l'empereur, avait prévu la guerre que les événements rendaient

inévitable ; lui seul avait compris que nous n'étions
pas en mesure de la soutenir avec avantage. Son
successeur ne fit rien. Ainsi, nous n'étions pas prêts
pour la lutte suprême et l'on s'obstinait à se croiser
les bras en face du danger.

Les Chambres — elles aussi — étaient atteintes
d'une véritable cécité : cédant à nous ne savons
quel vertige, elles se laissaient conduire par quelques illuminés, — cœurs généreux sans doute,
mais adversaires par principes des armées perma-
nentes, — ne croyant pas, d'ailleurs, à l'imminence
d'une guerre prochaine et ne voulant voir « avec
une naïveté vraiment enfantine » que la paix so-
ciale et l'union des nations. Donc, les Chambres
s'opposèrent à tout, refusèrent tout, et le pays
s'en fut ainsi à la dérive, conduit par la fatalité et
entraîné par le poids de plus en plus lourd des fautes commises, fautes graves, capitales, inouïes,
d'un gouvernement personnel et en quelque sorte
inconscient.

L'Empire chancelait. Miné par la politique inté-
rieure et sans influence sur la politique extérieure,
il en était arrivé à un tel degré de déconsidéra-
tion que M. Thiers, dans un de ces magnifiques
discours si clairs, si limpides et si éloquents, dont
il avait l'habitude, avait pu prononcer du haut de

la tribune ces mots célèbres : « Il n'y a plus
maintenant une seule faute à commettre ! »

Le grand orateur s'était trompé cependant. Pas
plus que ses collègues, il n'avait prévu la plus
lourde, la plus grande et·la plus terrible de toutes
les fautes, celle qui devait perdre l'Empire coupable, amener le démembrement de la France et
nous conduire aux abîmes !

IV

La Prusse armée jusqu'aux dents, préparée de
longue main, rêvant l'annexion de la Lorraine et
de l'Alsace ainsi que la ruine de notre pays, contre lequel existait, — comme il existera toujours
en Allemagne, — une haine profonde et vivace ;
la Prusse, disons-nous, voyait la guerre certaine,
inévitable. Elle la cherchait, la désirait, mais hé-
sitait à la déclarer, de crainte de déplaire aux confédérés, peu soucieux de s'engager dans un conflit
offensif.

C'est alors qu'on eut recours à cette ruse gros-
sière, — à laquelle on ne peut comprendre que le
gouvernement français se soit laissé prendre, en-
traînant avec lui la nation entière, — à cette ridi-

cule et absurde candidature d'un Hohenzollern pour le trône d'Espagne !

L'affaire fut si bien conduite par une diplomatie habile, l'appât grossier jeté à la France était si bien présenté qu'elle mordit à·l'hameçon sans rien voir, sans rien deviner, sans rien comprendre. Avec tout l'emportement d'un peuple fier, noble et chauvin, qu'on vient d'insulter gravement, elle déclara la guerre, faisant ainsi le jeu de l'ennemi, et oubliant que rien n'avait été préparé en prévision d'une semblable éventualité, cependant inévitable.

On aurait dû pourtant comprendre que notre situation militaire ne pouvait nous laisser aucun espoir de succès, dans cette lutte suprême où l'on s'engageait avec tant de légèreté et d'imprévoyance.

Nos effectifs étaient considérablement affaiblis et diminués par des causes diverses; notre artillerie, — nous l'avons déjà dit, — notoirement inférieure comme nombre, comme justesse et comme portée; nos approvisionnements disséminés, incomplets; nos arsenaux presque vides; notre armée mal organisée, mal préparée; nos régiments réduits à l'état de squelettes et non embrigadés; le service d'état-major mal installé; notre mode de recrutement absolument mauvais et insuffisant; quant à

la mobilisation et à la concentration de nos forces,
on n'y avait même pas songé, puisque, au moment
d'entrer en campagne, on dut tout improviser; et
c'est dans cet état d'infériorité connue que le Gouvernement personnel de l'Empire mit le comble à
ses fautes si nombreuses et si impardonnables par
une déclaration de guerre imprudente, intempes-
tive, inopportune et — disons le mot — inutile!

Cette guerre, *imposée par les événements antérieurs que nous avions, d'ailleurs, autorisés,* devenue inévitable, était dans l'air. On ne pouvait se
faire illusion. La Prusse la voulait, la cherchait.
Le moment psychologique était bien choisi, unique
peut-être pour lui permettre de consolider sa nouvelle situation en Allemagne, en soulevant un
conflit final et définitif, dont les résultats ne pouvaient être douteux pour elle comme pour tous les
esprits clairvoyants, étant donnée la situation res-
pective des adversaires.

Etait-il donc si difficile, avec un peu de tact et de
modération, — quelle que fût d'ailleurs la résolu-
tion d'en finir, — de négocier, de gagner du temps,
d'appeler les réserves, d'incorporer les mobiles dans
les régiments pour qu'on les y instruisît, qu'on les
préparât à la guerre, de combler les vides, d'em-
brigader les troupes, de constituer les états-majors

en les complétant, de prendre, en un mot, une attitude défensive et cependant résolue, d'attendre une déclaration de guerre au lieu de la devancer. N'eût-on retardé les hostilités que de quelques semaines, on pouvait augmenter nos forces militaires de « 700 *ou* 800,000 *soldats jetés en plus dans la balance* » alors que les confédérés allemands plus que tièdes pour un « *conflit offensif* » n'étaient pas très éloignés de refuser leur concours.

Toutes ces défaillances, imputables à l'empire, — et qui sont aujourd'hui jugées et appréciées comme il convient par l'opinion publique, — ne doivent-elles pas être considérées comme les prodromes de la maladie dont la crise aiguë s'est produite en 1870?

Etait-il permis à un écrivain de la valeur de M. Zola de n'en rien dire, de les négliger aussi complètement? N'était-il pas, au contraire, honnête, équitable, impartial de les mentionner comme les causes déterminantes, principales et primordiales de nos revers? Au lieu de cela il nous a montré sous ce titre impérieux de *La Débâcle*, si légèrement choisi et auquel il n'a pas su obéir, des portraits odieux de soldats français que les lecteurs seront portés à croire des réalités, et chez lesquels on ne voit qu' « *indignité, incapacité, indiscipline* ».

Il n'est que juste d'ajouter que l'encrier de M. Zola est resté le même et qu'il ne renferme toujours que fiel et écume.

Si, après avoir aussi complètement oublié ces « causes », — si importantes pour un pareil récit, où il jongle si bien avec la calomnie et le mensonge, — l'auteur avait songé à donner une place marquée aux « effets », c'est-à-dire aux nombreuses phases de cette guerre, il se serait rendu compte qu'il n'y avait pas tant d'*indignité*, d'*incapacité* et d'*indiscipline* qu'il veut bien le dire dans une armée qui, malgré la supériorité numérique et écrasante de son adversaire, a su lutter pendant des mois, avec un héroïsme et une abnégation qui ont provoqué l'admiration de ses ennemis eux-mêmes.

Combien peu s'en est-il fallu, d'ailleurs, que, malgré toutes les causes d'infériorité qu'il nous a paru nécessaire d'énumérer, la lutte à outrance que l'armée et le pays tout entier ont soutenue avec tant de courage et de patriotisme, eût d'autres résultats?

Quelques mots suffiront à démontrer le bien fondé de cette assertion et, par conséquent, à placer sous son vrai jour un récit hostile et délétère, que la bienveillance la plus excessive ne saurait attribuer simplement à des illusions de poète.

Si l'armée, au lieu d'être commandée nominalement par l'empereur Napoléon III, peu compétent et presque toujours encombrant, avait eu un chef unique, capable, absolu, libre de ses actes, se serait-elle épuisée dans ces rencontres partielles, imprévues, imprudentes, décousues et malheureuses contre un ennemi toujours supérieur en nombre, bien conduit et bien commandé ?

Un chef capable n'aurait-il pas su mieux grouper ses forces, coordonner ses efforts, faire concourir ses troupes à l'exécution d'un plan sagement déterminé, bien étudié et bien préparé ?

Si, abandonné à lui-même, réduit à un seul corps d'armée, le maréchal de Mac-Mahon ne s'était pas follement aventuré, avec un courage héroïque mais imprudemment audacieux, dans une bataille inégale ; s'il n'avait pas engagé ses troupes, si braves fussent-elles, contre un ennemi près de six fois supérieur en nombre ; s'il s'était borné à défendre les passages des Vosges, son armée n'eût pas été décimée et presque détruite.

Si la ville de Strasbourg, si énergiquement défendue, avait retardé sa capitulation de quelques jours, — ce qui n'était pas absolument impossible, au dire de témoins compétents, — les 60,000 Allemands occupés à ce siège n'auraient pu renforcer que plus tard l'armée du prince Frédéric-Charles ; comme conséquence, on peut admettre que les commandants des corps de l'armée du Rhin, considérant encore comme possible une sortie générale, se seraient entendus pour exercer une pression plus ferme, plus vigoureuse, plus décidée sur le maréchal Bazaine, qui, malgré son inertie calculée et coupable, aurait été peut-être contraint de quitter le camp retranché de Metz pour se soustraire, par un acte de vigueur, à une capitulation qu'il ne voulait pas entrevoir et qui était cependant inévitable dans un avenir rapproché.

Si, persistant dans ses projets criminels de politique ambitieuse et incompatible avec ses obligations militaires, le maréchal Bazaine, tout en se décidant à s'immobiliser sous les murs de Metz, s'était préoccupé un peu plus de la question de vivres, comme c'était son devoir ; s'il n'avait pas imprudemment reçu et conservé dans la ville un grand nombre de bouches inutiles, n'aurait-il pas, lui aussi, pu tenir quelques jours de plus ? Par suite, en retardant une capitulation devenue fatalement certaine par sa faute, n'aurait-il pas empêché le prince Frédéric-Charles d'arriver en temps opportun pour neutraliser notre victoire de Coulmiers sur les Bavarois, et mettre obstacle à notre

marche sur Paris, qu'on voulait débloquer quand
même, — manœuvre dangereuse en elle-même,
et que l'arrivée de ses **250,000 Prussiens**
compromettait tellement, que des gens incompé-
tents pouvaient « seuls » concevoir et prescrire
une aussi folle entreprise dans d'aussi mauvaises
conditions.

Si des tiraillements nombreux et coupables, —
conséquences fatales de la plus inqualifiable des
imprévoyances, — ne s'étaient pas produits dans
les conseils du gouvernement, soit à Paris, soit au
camp de Châlons, à propos du maintien de l'Empire
devenu impossible et virtuellement écroulé; si
l'on s'était moins préoccupé de cette question, en
quelque sorte personnelle, pour s'occuper un peu
plus du salut du pays, de celui de Paris qui en
est la clef de voûte... le maréchal de Mac-Mahon
aurait reçu un peu moins d'ordres incohérents et
contradictoires, et alors, avec des troupes moins
fatiguées, moins découragées et moins épuisées par
des chassés-croisés décousus et énervants, il aurait
peut-être pu, en accélérant résolument sa marche,
exécuter le plan du ministre de la guerre *général
Montauban, Comte de Palikao.*

Or, pour exécuter ce plan, qu'avait-il à faire?
Gagner de vitesse le prince royal sur lequel il -

avait déjà une avance de 48 heures; donner la
main à l'armée de Metz; avec ces deux armées pla-
cées sous un commandement unique, battre le
prince Frédéric-Charles qui n'aurait probablement
pas été à même de résister à toutes ces forces
réunies; puis, ce premier résultat obtenu, se retour-
ner pour écraser le prince royal dans une seconde
bataille.

Plan hardi, — trop hardi même, a-t-on dit, —
car il exigeait pour son exécution, outre le génie
d'un grand homme de guerre, le concours dévoué
de troupes aguerries et victorieuses. Malgré tout,
ce plan méritait d'être tenté, car, si hardi, si
aventureux même fût-il dans ses chances de succès, il pouvait cependant réussir, et alors les
choses auraient peut-être changé de face.

Enfin, si le général de Wimpffen n'avait pas
si malencontreusement enlevé au général Ducrot le
commandement que venait de lui remettre le maréchal de Mac-Mahon, blessé, alors que, si la bataille
de Sedan était irrémédiablement perdue, *la retraite,
déjà commencée, était encore possible* (1)... cette

____

(1) Le général de Wimpffen, qui arrivait et ne pouvait, par
conséquent, connaître exactement la situation, a prononcé,
dit-on, cette parole imprudente : « *Ce n'est pas une retraite,
c'est une victoire qu'il nous faut.* »

victoire de l'armée allemande aurait pesé bien moins lourdement qu'elle ne l'a fait dans la balance de nos destinées.

Oui, le mouvement de recul sur Mézières était commencé ; il pouvait se continuer, non sans de grandes pertes, sans doute ; mais les restes de cette armée échappés à la capitulation, — capitulation dont la portée a été énorme et les conséquences in- calculables, — seraient venus encadrer les jeunes recrues du général Faidherbe, augmenter ses ef- fectifs et contribuer à la formation d'une armée de secours susceptible, avec l'appui de l'armée de la Loire renforcée des débris de celle de Metz, de faire lever le siège de Paris, ce qui aurait proba- blement exercé une salutaire influence sur la mar- che des événements ultérieurs et les destinées de la patrie.

CONCLUSIONS

Malgré notre insuffisance, nous avons essayé d'exposer les impressions produites sur nous par la lecture de ce roman militaire, que tout le monde, jusqu'à un officier allemand, a trouvé « nuisible et malfaisant ».

Nous avons cru devoir dire ce que nous pensions de cette œuvre, au fronton de laquelle l'auteur a très improprement inscrit ces deux mots sonores : « *La Débâcle* », titre ambitieux et impérieux, auquel le sujet traité, fruit d'une imagination inconsciente, déréglée et hostile à l'armée, ne répond aucunement.

Nous pensons que, pour donner à *La Débâcle* un caractère suffisant d'impartialité historique, il eût fallu y faire mention des causes déterminantes dont nous avons très brièvement énuméré quelques-unes.

Le plus simple examen des combats nombreux et sanglants et des quelques victoires remportées malgré tant de causes multiples d'infériorité, démontre péremptoirement qu'il n'y avait pas dans l'armée française autant d'*indignité*, d'*incapacité*, d'*indiscipline*, d'*obscénités* et d'*ordures* que l'auteur se complaît à le dire. Donc, ce roman d'une escouade et de ses chefs hiérarchiques n'est qu'une fiction, mais une fiction empreinte de l'intention manifeste de peindre la réalité sous un aspect nuisible.

L'auteur pouvait faire un livre utile, salutaire, patriotique, encourageant pour les générations à venir, enfin, instructif pour les gouvernements.

futurs, qui se garderont certainement de commettre les fautes accumulées pendant la période de 1848 à 1870, — fautes qui ont mis notre cher pays à deux doigts de sa perte; — il a préféré écrire un livre scandaleux, mauvais et dissolvant.

Tant pis pour celui que l'on appelle « le maître »; tant pis pour les lettres françaises; tant pis pour notre littérature nationale!

Oui, en 1870, l'épée de la France a été brisée, mais non ternie; et, si nous avons été dans le cas de dire comme François Ier : « *Tout est perdu fors l'honneur* », nous avons malgré *La Débâcle* la consolation de penser et de crier bien haut à ceux qui l'attaquent que l'honneur de l'armée est resté intact et qu'il ne saurait être atteint par les éclaboussures de ce mauvais roman que l'honnêteté et la conscience réprouvent!

FIN

Paris et Limoges. — Imprimerie militaire Henri CHARLES-LAVAUZELLE.